小顔美人になれる
30の習慣

角森脩平

GENTOSHA
幻冬舎

小顔美人になれる
30の習慣

角森脩平

GENTOSHA
幻冬舎

はじめに

私が美容整体を始めたのはスポーツ整体がきっかけでした。格闘技の選手の曲がった鼻や陥没した顔を治すのは日常茶飯事で、その経験からお客様の持つコンプレックスを取り除き希望を叶えるお手伝いはできないかと考え、美容整体理論を構築したのが始まりでした。

美容整体では骨の形状を変えることはできませんが、骨の位置を矯正し、老廃物を流すことによって、驚くほど顔の形を整えることができます。施術を受けたお客様の中には、周りから「整形した？」と言われる方も少なくないそうです。

気がつけば美容整体の仕事に就《つ》いて13年、延べ数万人のお客様の施術に携わらせていただいています。顔を変えるとなると美容整形という方法もありますが、日本では本来の自然な顔が好まれることから美容整体が注目されているのだと思います。

これまで芸能人やモデルの方々も数多く施術してきましたが、みなさんに共通しているのは、美しさを保つために自ら日々努力をしていることです。

人は必ず老化しますが、自らの努力でその老化速度をゆるめることはできます。大切なことは高い美意識を持ち、セルフケアを継続的に行うことです。

そこでこの本では、簡単にセルフケアができて、小顔美人になれる「カドモリ式小顔マッサージ」をご紹介させていただきます。また、生活習慣も小顔づくりに影響するため、顔がゆがみやすい日常のクセなどについてもアドバイスさせていただいています。

私がこれまで施術してきた方々を統計的に見ると、美意識が高い人ほど美しいような気がします。女性だけでなく、男性も含めた「日本人全体の美意識改革」をテーマに、「より多くの方に美しくなってもらいたい」という気持ちで美容整体に取り組んでいます。

この本で美意識を高め、顔の変化を感じ、ご自身の顔を好きになっていただけるとうれしく思います。そして少しでも多くの方に美しくなっていただければ、より幸せな世界になると信じています。

美容整体師　角森脩平

第1章 あなたも必ず小顔美人になれる

第2章

1週間で顔が変わる！1日5分、カドモリ式小顔マッサージ

第3章

簡単ケアでパーツごとのお悩みも解決！

第4章 小顔美人をつくる生活習慣

終章 カドモリ式ができるまで

第1章

あなたも必ず小顔美人になれる

小顔美人の基本は左右が対称であること

雑誌やテレビなどでふとモデルや女優の方々の美しさに「目が釘付けになってしまった」。また、街を歩いていて、すれ違った女性の美しさに、振り返ってしまったといった経験はないでしょうか。じつはその「美しさ」には共通点があります。

目が大きい、鼻が高いといった顔のパーツや色白の肌ももちろん目を引きます。が、〝誰が見ても美人〟という人は、共通して、左右のバランスがとれているのです。

仕事で、芸能人の方に施術させていただく機会がありますが、一般のお客様からは、「芸能人の方は、みんなキレイで小顔なのに、どこを矯正するのですか?」と聞かれます。

確かにモデルや女優といった〝美〟を職業にしている方は、本当に美しく、顔も驚くほど小さい方ばかりです。だからこそ、ほんの少しのゆがみが顔の印象を変えてしまうということがいえると思います。

ただ顔を小さくすれば、女性がキレイになれるわけではありません。骨と筋肉にアプローチをして、ゆがみを治し、右の顔と左の顔のバランスを整える。それだけで顔の印象ががらりと変わります。

女優やモデルの方々は、顔の左右のバランスの大切さを実感されているため、より効果を実感していただけているのだと思います。

この本でご紹介している、「カドモリ式小顔マッサージ」を実践していただくと、早い人では1週間で効果が感じられます。

フェイスラインがスッキリと引き締まり、小顔美人になれるのです。痛みもないので毎日ラクに続けられます。

みなさんも「カドモリ式小顔マッサージ」で、一段上の美しさを目指してください。

バランスがいいのは頬骨とエラ骨の幅が1センチ程度

私が初対面で、まず見るのは顔です。次に顔のどこに一番目がいくのかといいますと、じつは頬骨とエラなのです。

頬骨とエラの幅があまり変わらない人は、四角形。頬骨よりもエラの幅が広い人は、ホームベース形や台形のフェイスラインになりますが、こういった形のフェイスラインは卵形の人に比べると、顔が大きく見えがちです。

私は長年の施術経験から、頬骨の幅とエラの幅を測定したときに、エラの幅が頬骨より1センチ程度狭いと、最もフェイスラインがキレイに見えることに気がつきました。施術の際には、頬骨の幅とエラの幅を測定し、お客様に美しいバランスをご理解いただいて、行うようにしています。みなさんも一度ご自分の頬骨とエラの幅を測ってみてください。

たとえば、頬骨よりもエラの幅が広いお客様がいらっしゃって、頬骨の幅を狭めてしまうと、三角形の顔になり、バランスは決してよくありません。菱形や台形のフェイスラインの方は、エラの幅だけを狭くしたほうが効果的です。

バランスを見ずに矯正すると、顔は一回り小さくなっても、キレイなバランスにはなっていないので、本来の美しさとは違ってしまいます。

鏡でご自分の顔の頬骨とエラのバランスを見ていただき、どこを狭くすると美しく見えるのか理解してから、気になるところを重点的にマッサージするとよいでしょう。

もちろん、誰もが小顔美人になれるのは確かですが、「あの女優さんのような小顔にして」と言われても、それは無理です（笑）。

顔の骨にも個性があり、形状はひとりひとり違っていて、23枚の骨が複雑に組み合わさって成り立っています。その人が持っている骨の組み合わせで、一番小さい顔をつくることはできますが、一枚一枚の骨のサイズを変えることはできません。

生まれ持った骨のサイズは変えられないので、他の人と同じ大きさの顔を目指すのは難しいですが、その人が一番キレイに見えるバランスに骨を整えてあげれば、周りから「キレイになったね！」と言われることは間違いありません。

いくつになっても小顔はつくれる

「体重は増えてないのに、顔が前より大きくなった気がする」「顔に若々しさがない」。鏡を見て、顔の変化に気づいたあなた。その原因は年齢による老化かもしれません。

何のケアもしなければ、年とともに顔は大きくなる傾向にあります。

加齢によって顔の筋肉が弱くなり、たるみが出て、フェイスラインがぼんやりします。長年の生活習慣による顔のゆがみが、むくみにつながり、顔のバランスが崩れてしまうのです。

たとえば、咀嚼《そしやく》する、大きく口を開ける、大声を出す、物を噛み締める、歯ぎしり、といったときに使う筋肉は、エラの周りの筋肉です。この筋肉を使いすぎると、顔が広がり、エラが出てしまいます。「昔はエラが張ってなかったのに……」という人は、筋肉を使いすぎて、骨が引っ張られ、横に張ってきていることが多いのです。

さらに、頬骨が下がって、ほうれい線が目立つようになると、老け顔に近づいてしまいます。このほうれい線は、老け顔の象徴。一度、若い女性の顔のイラストに、ほうれい線を描いてみてください。たちまち老けた印象になるはずです。ほうれい線を消すことは、若々しい顔をつくるためには必須です。

若い頃よりも顔が一回り大きくなってしまったとき、「年だからしょうがない」とあきらめたら、顔の老化は加速するばかりです。ケアするのに遅すぎるということはありません。今すぐ、この本でご紹介するマッサージを始めて、10年前の顔を取り戻してください。

ちなみに当院のお客様で最高齢の方は、70代後半の女性。70代でも十分、顔のバランスは整います。いくつになってもキレイになりたいと思って頑張っている女性は、若々しいですし、お元気です。お客様の中には、すでにご主人を見送られた女性もいらっしゃいますが、キレイになることで元気を取り戻して、年齢に関係なく人生を楽しんでいらっしゃる姿はとても魅力的です。

個人差はありますが、骨は年を経るごとに硬くなって、もろくなります。お年寄りの方は転倒すると骨折されることが多いですが、子どもは骨折しにくいのは、骨に柔軟性があるからです。柔軟性があると骨は折れにくいのです。

顔の骨も同じで、年を重ねるほど硬くなりがちですが、お顔の内側に圧をかけることによって、骨に柔軟性が出てきて、お年を召した方でも小顔が実現するのです。いくつになっても小顔美人を目指し、イキイキとした人生を手に入れてください。

※骨粗しょう症などで骨に心配のある方は、まずお医者様に相談してから始めてください。

骨のゆがみが整えばエステの効果も倍増

顔というのはいわば入れ物です。その中に入っている骨にアプローチするのが、美容整体師である私の仕事です。美容整体で頬骨やエラ骨の幅を整えて小顔をつくったり、顔が左右対称になるようバランスをとることはできます。しかし、骨を整えるだけでは、小顔は完成しません。その上にのっているお肉を骨に合わせることで、小顔に近づきます。美容整体では、骨の上の部分へはアプローチできませんので、お肉やむくみはお客様ご自身でケアしていただくようにお願いしています。

施術のあと、顔を触っていただくと感触がガラリと変わっているのを実感していただけます。なぜなら、顔という入れ物に対して中身の大きさが変わっているため、お肉がついているのがよくわかるようになるのです。

施術前は、入れ物の中にパンパンに骨が入っていますが、施術後、骨が中に入ると、顔にスペースができます。その分のお肉をケアしていただくことで、整った骨に応じた大きさのお顔をつくることができます。そのためのアドバイスをさせていただくこともあります。

顔のお肉を取るために、自宅でできるオリジナルのセルフマッサージ（P43参照）をお願いしていますし、エステサロンに行かれている方もいらっしゃいます。

じつは顔の骨を整えてから、エステサロンでお顔の表面に働きかけると、より一層効果を実感していただけることがわかっています。

顔のお肉が下がっている人は、ほとんどが頬骨が下がっている状態です。この頬骨が下がっている状態でエステサロンでリフトアップをすると、施術直後は上がっていますが、残念ながら下がるスピードも速いのです。お肉だけを引き上げても、土台の骨が下がっていたらどうしようもありません。

一方、頬骨を引き上げた状態でお肉をリフトアップすると、持続率が高く、小顔・若返り効果が全然違います。

「エステにも行っているし、顔のマッサージもしているけど効果が出ない」という方は、骨がゆがんだり、下がったりしている可能性が大きいといえるでしょう。中身である骨が整っていない状態で、エステで表面のケアを行っても、効果は限定的になってしまいます。骨にアプローチしてから、表情筋のリフトアップをすると、間違いなく効果は倍増します。

この本で紹介しているセルフマッサージも、骨にアプローチしたのち、筋肉を鍛えてもらう流れになっています。表面だけを一生懸命ケアするのではなく、まずは骨という中身を整えてあげることが、小顔への近道なのです。

小顔になると目が大きくなる

施術をしたあと、「小顔になって、目が大きくなりました」と喜ばれるお客様もたくさんいらっしゃいます。これは小顔になって、顔の面積が小さくなると、顔の中で目の比率が大きくなって、目が大きくなったように見えるというのがひとつの理由です。

もうひとつは、骨にアプローチしたことで、筋肉の血液循環がよくなり、目の周りの筋肉も動きやすくなり、目が開きやすくなることが挙げられます。さらに、まぶたのむくみが取れることも、目を大きく見せてくれます。

当院では美容鍼《はり》を使った施術もしているのですが、表情筋に鍼を打つと、血液循環がよくなり、筋肉がよく動き、目が開きやすくなることもわかっています。

ただ、最近はパソコンやスマートフォンを見て目が疲れている人が多いので、目をぱっちり開くためには、疲れ目に対するケアも必要です。美しい目元を目指す人は、疲れ目を防ぐ目薬をさしたり、パソコン用のメガネをかけるといった対策もあわせて行うとよいと思います。

本書では、目を開きやすくして、大きく見せる骨へのアプローチ（P50参照）もご紹介しているので、ぜひ実践してみてください。

また、セルフマッサージを行うことで、頬骨が低くなって、鼻が高く見えるようになったり、鼻筋が通って、鼻が実際に高くなるという効果もあります。

小顔になって、目鼻立ちがくっきりすると、顔の印象はガラリと変わるはずです。ご自身がなりたい顔を目指して、骨にアプローチしてみてください。

カドモリ式で肌がキレイになる理由

小顔矯正を受けていただいたお客様から、「小顔になっただけでなく、肌もキレイになってびっくりした」といううれしい報告をよくいただきます。「骨と肌は関係があるの?」とよく聞かれますが、じつは大いに関係があります。

小顔になって、「肌の色が明るくなった」「メイクのノリがいい」「若返った」といった実感を持っていただけるのには、理由があります。

顔の骨には表情筋という筋肉がついていて、その上に皮下組織、真皮、表皮という、いわゆる肌の組織が存在します。

骨のゆがみを整えると、その上の筋肉や肌の血液循環がよくなって、リンパの滞りが解消し、老廃物の流れがよくなり、肌の色がワントーン明るくなるのです。

また、血液循環がよくなると、肌に必要な栄養がしっかり行き渡り、肌のキメも整います。老廃物が流れると、ニキビや吹出物などのトラブルも少なくなります。

リンパや血液の流れがスムーズになると、顔が大きく見える原因であるむくみも解消でき、フェイスラインも美しくなるでしょう。

さらに、肌にハリが生まれるとたるみやシワを予防でき、ほうれい線もできにくくなります。

そのため、小顔矯正はお顔全体のエイジングケアにもつながります。

小顔になると肩こりもラクになる

この本でご紹介しているセルフマッサージは、顔のゆがみを解消し、左右対称になるよう骨へとアプローチして小顔をつくるメソッドです。顔にゆがみがあると、血液やリンパの流れが悪くなり、首や肩のこりにも影響してしまいます。

また、生活習慣が原因となる顔のゆがみは、日常の動作の頬杖をついたり、片方でばかり噛む、歯ぎしりをする、といったことでも起こりますが、こういったクセが、首の筋肉に負担をかけて、肩こりや筋緊張性頭痛の原因になることもあります。

そのため、顔のゆがみを調整することにより、血液やリンパの流れがよくなり、首の筋肉に負担がかからなくなると、肩こりもラクになるのです。

肩こりに悩んでいる女性は多くいらっしゃいますが、凝っているところを強く指圧するのは逆効果です。

肩こりは、強い力でほぐせばよくなるものではありません。本来は、10の力で押されたら、自分の体も10の力で返せなければいけません。これが同じ力で返せないことで、筋肉が反発し、せっかく整体院に行ってほぐしても、もみ返しが起こり、疲労感につながります。

強圧を加えると、その分ほぐれた感じはしますが、筋肉や血管の細胞を壊してしまうこともあります。そして、壊れた細胞は熱を持って体温が上がるため、一時的には体がラクになります。「すごく体が軽くなった」と思う人もこの時点では多いでしょう。

けれど、時間が経《た》つと体温が下がり、壊れた細胞が〝こり〟に変わります。そして、刺激を強くすればするほど、壊れた細胞を守ろうと、その部分が硬くなっていきます。これを防御性筋収縮といいます。

よく、「私の肩、鉄板が入っているみたい」などと言う人がいますが、それはもみほぐす力に負けないように、肩が硬くなりすぎてしまっているのです。

ですから、肩こりを解消するには、力を入れて押せばいいというものではありません。「カドモリ式小顔マッサージ」で顔のゆがみを治すことで肩こりが解消されることもありますので、ぜひ試してみてください。

整形する前に骨にアプローチしてみよう

当院には、整形をされた方がお客様としていらっしゃることもあります。整形の是非は、別のお話ですが、キレイになって、自信がついて、楽しく生きられるならこんなに幸せなことはありません。

一方で、「メスを入れて整形しなくても、小顔矯正を行うことで、キレイなバランスの顔になりますよ」とアドバイスさせていただくこともあります。

実際にエラ骨を削ろうと思っていたお客様が当院にいらっしゃって、お客様の望むような小顔になり、手術をとりやめたケースもあります。

エラ骨や頬骨を削りたい、あごを小さくしたい、鼻を高くしたいと思って、整形を考えている方は、メスを入れる前に、「カドモリ式小顔マッサージ」で、どの程度ご自分の顔を変えられるか試してみてはいかがでしょう？

骨へのアプローチをするだけで、「整形した？」と言われるくらい、美しくなれる可能性もあるのです。

目標がある人は効果が出やすい

マッサージの効果の出方は、骨の柔軟性などによって個人差がありますが、目標がある方は、意識が高く定期的に続けることができるため、効果が出やすい傾向にあります。

たとえば結婚式などで絶対に美しくありたい日が決まっている方は、目標の日に向けて継続することができ、効果を発揮しやすくなります。

また、自分を大事にしている方、美しさをキープしたいという美意識を持っていらっしゃる方も、積極的にマッサージに取り組んでくださるので、効果が出やすい傾向にあります。

女優やモデルの方々は、もともとゆがみが少ない顔ですが、常に人の目にさらされているので、ちょっとしたことを気にされることもあります。撮影前に気になる部分を調整することで「これで完璧」と自信がついて、不安材料がなく撮影に臨めると言っていただくこともあります。

顔は気持ちとリンクします。「キレイになると、いいことがあるはず」と、ポジティブな気持ちでマッサージを行っていただいたほうが効果は出やすいと思います。

マッサージの効果が出て、小顔になり、周りから「キレイになった」と言われると、自信がついて明るい気持ちになります。そしてその状態をキープしたいという気持ちから、さらにマッサージを継続し、美しさを長続きさせることができるようになります。

COLUMN

体験談

エラの張りがなくなり、「やせたね！」と言われるように。人と会うのが楽しくなり、ポジティブ思考になりました

鈴木恵子さん（30代・会社員・仮名）

角森先生のところに通うようになったのは2年前。友人が通っていたのですが、顔がすごく小さくなっていたので、興味を持ちました。

最初は半信半疑でしたが、施術を受けたあと、エラが1センチ以上小さくなっていてビックリ。そして、友達からは「やせた？」「顔が小さくなったね」と言われるようになって、その効果を実感しました。

角森先生からは、「骨は整えるけど、顔のお肉は自分で取ること」と言われ、上

を向いて舌を出す顔の体操を教えてもらいました。自宅でこの顔の体操をしながら、2～3カ月に1度、先生のところに通っています。

自分で毎日顔を見ていると、そんなに変化はわからないのですが、写真に撮ると一目瞭然！　1年前と比較すると、顔が一回り以上小さくなっているし、目も大きくなっていました。体重は変わってないのに、顔がこんなに変わるなんて驚きでした。

血流がよくなるのか、肌の調子もよくて、「肌がキレイ」と言われることが増えました。いろんな人にほめられると、外見だけでなく、気持ちにも変化が出てきたんです。

以前は、仕事で行き詰まることもあったのですが、今は「楽しくやっていこう」と前向きな考え方をするようになりました。

人と会うのが楽しくなって、外出する機会が増え、新たな友達もできました。

ヘアスタイルも思い切って短くして、イメージチェンジ！　こんなに短くしたのは初めてですが、これも小顔になったから、似合うようになりました。

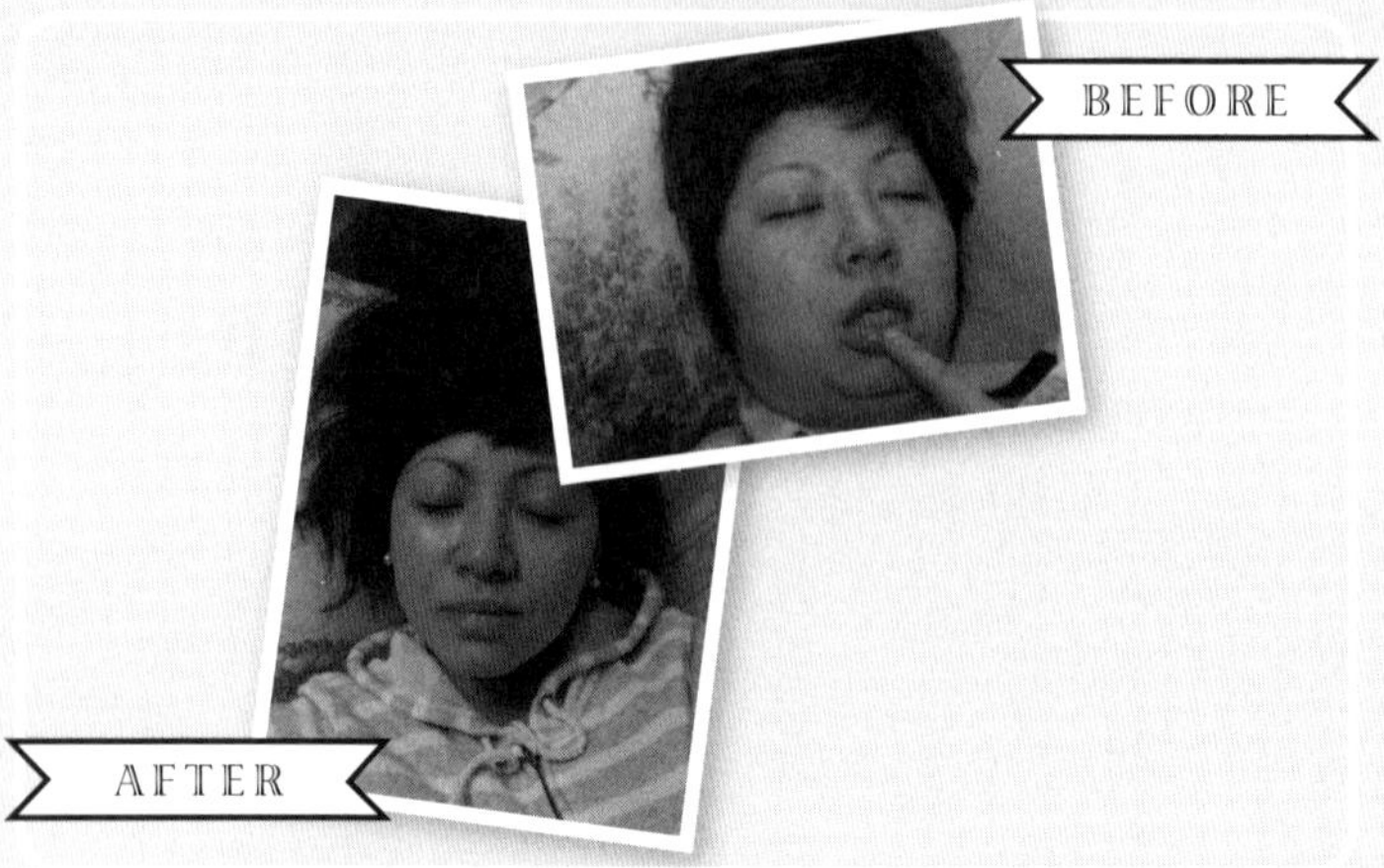

角森先生は、面白くて、先生っぽくないのがいいですよね。施術で痛みはまったくないのですが、骨が動いた感じがすると「今、動いた！」ってすごく喜ばれるんです。仕事が好きなんだなぁといつも思いますし、安心してお任せできます。

本当はいろんな人に角森先生を紹介したいのですが、最近は先生がすごく有名になってしまい、予約がとりづらくなったので、先生を友達に紹介するのは控えています(笑)。

これからも角森式を続けて、年齢に負けない顔づくりを目指します。

第 2 章

１週間で
顔が変わる！
１日５分、
カドモリ式
小顔マッサージ

痛みの少ない施術で小顔を目指す

この章では自宅で簡単にできる、小顔マッサージの具体的な方法をご紹介します。1日5分、筋肉をゆるめて、骨を押すだけで、早い方なら1週間で効果が出てきます。

小顔矯正というと、老廃物を流したり、強く押したりと、痛みのある施術を思い浮かべる方もいらっしゃると思います。ここで紹介するメソッドは、痛みを覚えない方法です。骨と骨をつないでいるのは筋肉ですが、痛みを感じると、力が入り、筋肉が固まってしまいます。筋肉が固まると、骨に圧が伝わりにくくなってしまいます。

筋肉と骨の間には骨膜があり、そこを傷つけてしまうと、修復しようとする力が働き、逆に骨が太くなることがあります。ですので、小顔マッサージは、痛くない程度の圧を加えることが大事です。リラックスして行っていただくと、筋肉がゆるみ、骨にアプローチしやすくなります。顔の左右のバランスを整えることが大切なので、力を入れすぎるのは避けてください。

骨にきちんとアプローチができれば、血液やリンパの流れは自然とよくなりますので老廃物を心配する必要はありません。

骨をゴリゴリと押すのではなく、ゆっくりと押していくのがポイントです。

頬骨とエラに圧を加えて変身！

「カドモリ式小顔マッサージ」の特徴は、①筋肉をゆるめる→②骨にアプローチする→③筋肉を鍛える、という3STEPを続けることにあります。

なかでも、顔の印象を決める、頬骨とエラには重点的にアプローチを行います。第1章でもお伝えしましたが、バランスのよいお顔の黄金比は、エラの幅が頬骨の幅よりも1センチ程度狭い状態ですので、頬骨とエラを調整します。

顔の横幅を小さくするためには、頬骨に圧を加えて、内側に入れていきます。テーブルに肘《ひじ》をついて行うと、位置が固定され、頭の重みで上手に圧を加えることができます。

エラが気になる人は、エラにグーッと圧を加えていき、締めていくのがポイントです。

エラには噛むときに使う、頬骨の咬筋《こうきん》という筋肉が関係しています。歯ぎしりなどで無意識に噛む力をたくさん使っていると、咬筋が硬くなってしまい、エラが横に張ってしまいます。このマッサージで筋肉をゆるめることで、エラの張りを解消することができます。

また、鼻骨やまぶたの上の骨を調整すれば、目鼻立ちをくっきりさせることができます。のちほど、鼻やまぶたのマッサージもご紹介します。

このマッサージを行うと、血流がよくなるので、疲れ目や肩こりが治ったり、肌がキレイになるといった効果も期待できます。

〃ながら〃マッサージはNG！
1日1セットを集中して行って

よくダイエットの本などで、「テレビを見ながらエクササイズをしてもOK」といったことが書かれていますが、ここで紹介するマッサージは〃～しながら〃行うのはNGです。10分間何かをしながら適当にするなら、5分間集中するほうが効果があります。

「カドモリ式小顔マッサージ」は、左右のバランスを整える施術です。たとえばテレビを見ながら行うと、テレビに気を取られて顔の位置が定まらないですし、ゆがみの原因になってしまいます。

1日5分、1セットで十分ですから、この時間は集中して行ってください。行う時間はいつでも大丈夫ですが、寝る前に行うと、1日の疲れとゆがみが取れ、翌日スッキリした顔で過ごすことができるため、より効果的だと思います。

骨は、一度ゆがみを治しても、何もケアしない状態が続くと、日常生活で生じるゆがみによってまた元の状態へ戻ってしまう可能性があります。マッサージを続けているとゆがみにくくなってくるので、最初の1カ月は毎日5分継続していただくことが大切です。2カ月目からは2日に1回、3カ月目からは3日に1回でも構いません。

「ゆがんできた」「顔が大きくなってきた」と思ったら、また始める、というのを繰り返していただければ、左右のバランスをキープすることができます。

お風呂の中で行うと効果がアップ

マッサージを行う際は、筋肉を十分に温めることで筋肉がゆるみ、骨が動かしやすくなります。湯船の中やお風呂上がりに行うと、効果的です。蒸しタオルで顔を温め、筋肉をゆるませてから行うのもよいでしょう。

怪我などで炎症を起こしているときなどは冷やすことも有効ですが、人間の体は基本的には冷やさないほうがよいと考えます。体を温め、体温を上げることは、免疫力のアップにもつながるので、小顔だけでなく健康のためにも、冷えない生活を心がけてください。

カドモリ式小顔マッサージのやり方

STEP1　筋肉をゆるめる

骨にアプローチする前に、硬くなった筋肉をゆるめてあげましょう。骨に圧を加えやすくなるのはもちろん、顔の脂肪が燃焼する効果もあります。

頭皮をマッサージする

両手の指の腹を使って、頭全体をもむ。「あいうえお」と言いながら行うと、ほぐしやすい。１分間行う。テーブルに肘をついて行ってもＯＫ。

老廃物を流す

親指以外の４本の指と、手のひらの親指の下の膨らんだ部分を使って、首の横にある「胸鎖乳突筋《きょうさにゅうとつきん》」をつまむようにしてもむ。ほぐしている側に首を傾けると、筋肉がゆるみ、もみやすくなる。１分間行う。反対側も同様に。

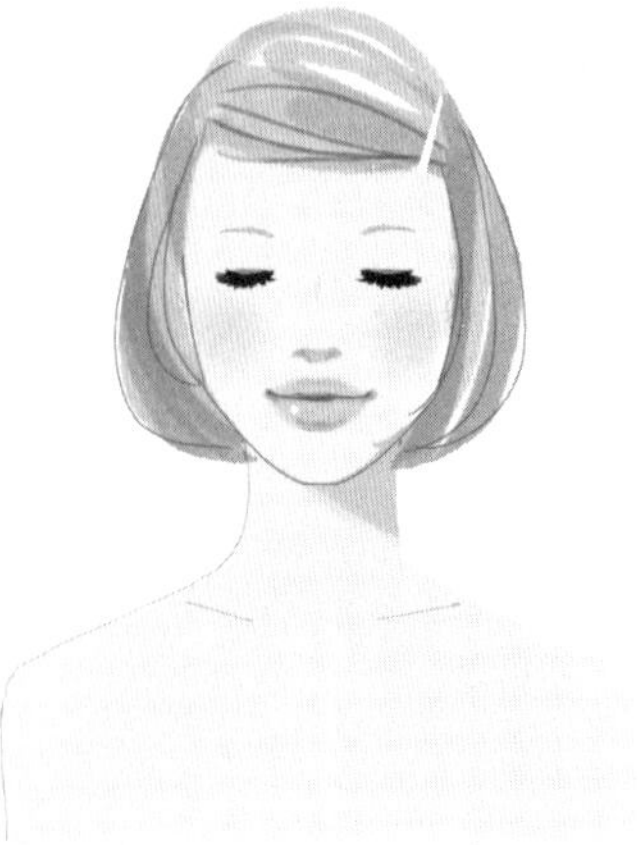

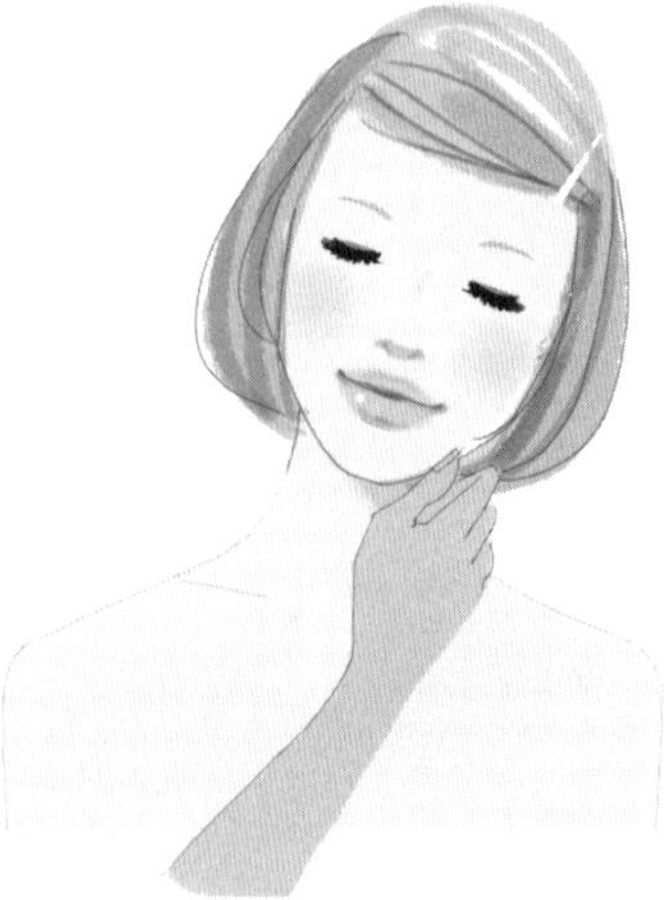

眉周辺の筋肉をほぐす

両手の親指と人差し指で眉周辺の「皺眉筋《しゅうびきん》」をつかみ、眉頭から眉尻に向かってまんべんなくほぐす。1分間行う。

咬筋をほぐす

歯を食いしばったときに盛り上がる「咬筋」を、口の中に親指を入れて、親指の腹で押すように優しくほぐす。1分間行う。反対側も同様に。

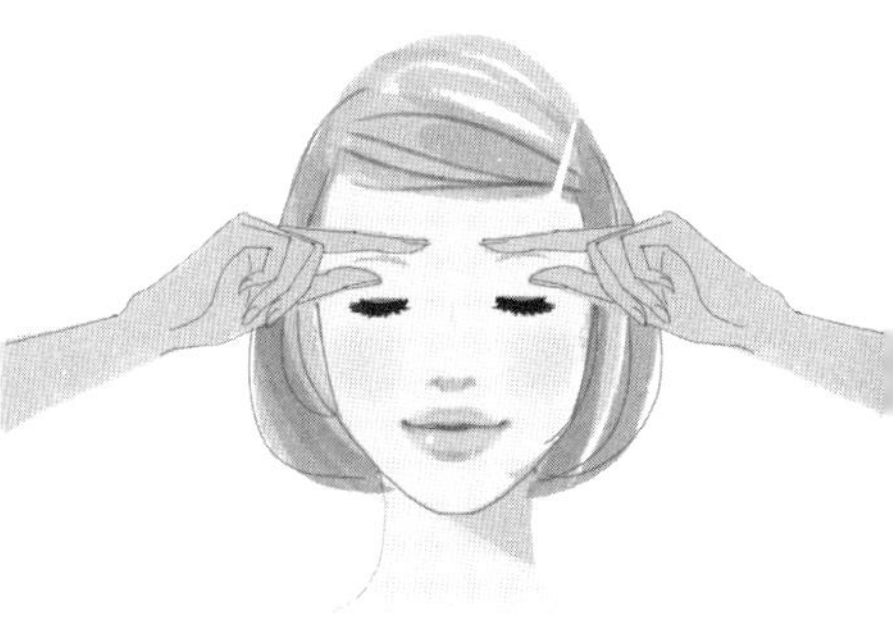

STEP2　骨にアプローチ

骨に圧を加えて、頬骨、鼻骨、エラを整えます。テーブルなどに肘をついて、頭の重さを利用して行うのがポイント。力を抜いて行いましょう。

頬骨の幅を縮める

座って、テーブルに片肘をつき、手のひらの親指の下の膨らんでいる部分に頬骨を当てる。少し頭を傾けて、重みをのせる。反対の手をこめかみに当て、頬骨をこめかみに当てた手の方向へ10秒間押す。反対側も同様に。

広がったエラを引っ込める

右ページと同様に、親指の下の膨らんでいる部分をエラの一番とがっている部分に当てる。少し頭を傾けて、重みをのせる。反対の手をこめかみに当て、エラをこめかみに当てた手の方向へ10秒間押す。反対側も同様に。

鼻を高くする

片肘をつき、親指のつけ根の部分を鼻骨の横に当てる。頭の重みをのせながら、鼻骨を上に向かって10秒間押し上げる。反対側も同様に。

顔をリフトアップ

両肘をつき、両手の親指を口の中に入れる。親指の腹を上あごの中央に当てながら、ぐっと10秒間押し上げる。顔を少し上に向けて行う。

目を大きくする

両肘をつき、両手の親指の腹で、まぶたの上の目の周りの骨を押し上げる。目頭から目尻に向かって、骨の形に沿って10秒間行う。

目元のたるみ、疲れ目を解消

中指の腹で、目の下の骨のキワを押し、素早くまばたきを10秒間繰り返す。

※両手で行います

STEP3　筋肉を鍛える

筋肉をつけることで、骨を正しい位置にキープできます。仕上げに筋肉を鍛えましょう。フェイスラインが引き締まり、むくみやほうれい線の解消にも役立ちます。

ほうれい線を舌で押す

ほうれい線を舌で内側から押し上げるようにしてなぞる。左右で各15回行う。

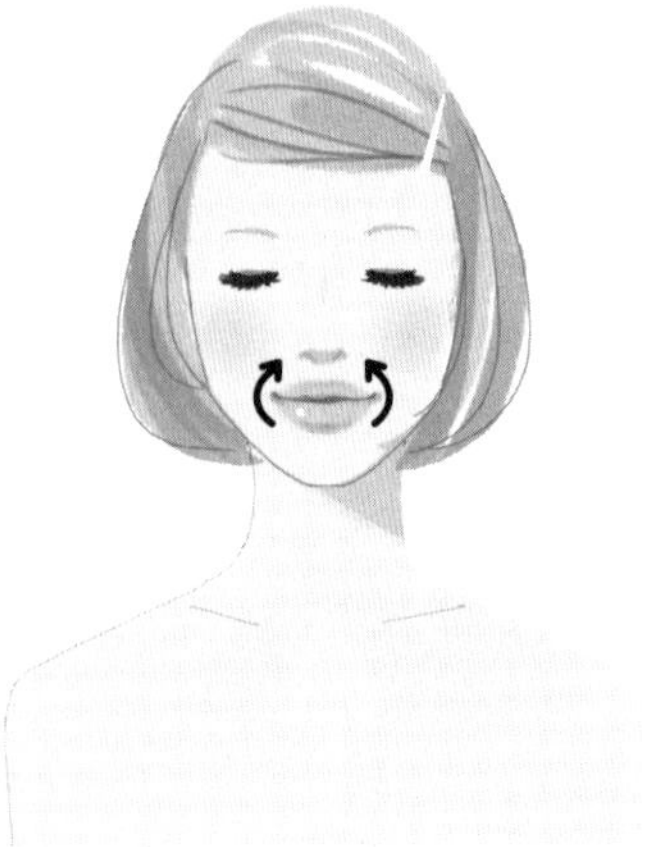

注意

骨粗しょう症の方、皮膚炎の方、その他加療中の方はマッサージを行う前に、医師の診断を仰いでください。

第 3 章

簡単ケアで
パーツごとの
お悩みも解決！

マッサージやツボ押しで表情筋を鍛える

骨へのアプローチを行うと同時に、気になる部分を重点的にケアすることで、より小顔美人に近づくことができます。

年齢とともに筋力は落ちてきますが、それは体だけでなく顔の筋肉も同様です。顔面の表情筋が衰えると、たるみやシワの原因になり、血液やリンパの循環も悪くなり、むくみやくすみにもつながります。

マッサージやツボ押しなどで、表情筋を鍛え、二重あご、むくみ、たるみ、シワ……といった悩みを簡単ケアで解決しましょう。

また、私のところにお越しいただくお客様には、施術のあと、「カドモリ式プレート」（http://chouette.jp.net）を使った自宅ケアを行っていただくようにお願いしています。道具を使うと、手で行うよりもリンパを流しやすいため、筋肉もほぐしやすくなります。

素材は、肌にしっくりくるものを吟味し、プラスティックではなく、陶器を選びました。形にもこだわり、プレートの各部分によって、頭に使ったり、首の筋肉を刺激しやすくなるようなつくりになっています。

指を使ってのマッサージでも十分に効果がありますが、「カドモリ式プレート」を使って、マッサージやツボ押しをしていただくと、より効果的です。

二重あごは「舌の出し入れ」エクササイズで解消

二重あごは、老けた印象を与え、体重に変化がなくても、太って見えてしまいます。あごが小さかったり短い人はあごにお肉がつきやすい傾向にあるので、とくに注意が必要です。あごのお肉が気になる方は次ページでご紹介するエクササイズを実践してみてください。

あごにお肉がつくのは、舌の筋肉の衰えが関係しています。あごの周りを一生懸命マッサージして、二重あごを解消しようとする方が多いですが、舌のエクササイズを行い、舌の筋肉を使って、あご周りの老廃物を流すほうが、二重あごをスピーディに解消できます。

あごの筋肉を鍛えるエクササイズ

顔を上げて、舌を上に向けて出したり、引っ込めたりを15回繰り返す。

むくみ取りは「リンパが流れる経路」をつくることから始める

むくみは、顔のリンパの流れが滞ってしまうことが原因です。耳の前や後ろにある、リンパの流れる経路をしっかり確保し、流してあげることが大事です。

また、表情筋が硬くなり、使われていないと、リンパはスムーズに流れてくれません。

リンパが流れる経路をつくることと、表情筋が動きやすくなるようにマッサージを行うことで、むくみを解消しましょう。

リンパの流れる経路をつくる

上から下へ経路をつくって、リンパを流れやすくする。
親指以外の４本の指を使って行う。

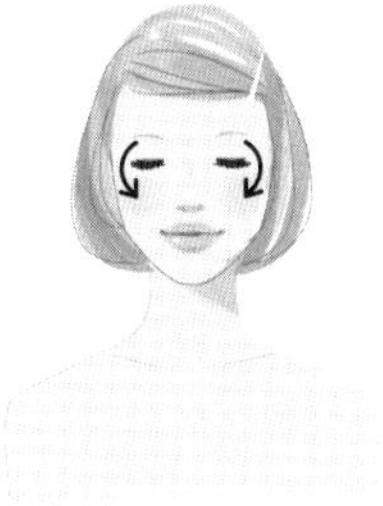

1 目の外側を上から下へ５回マッサージ。

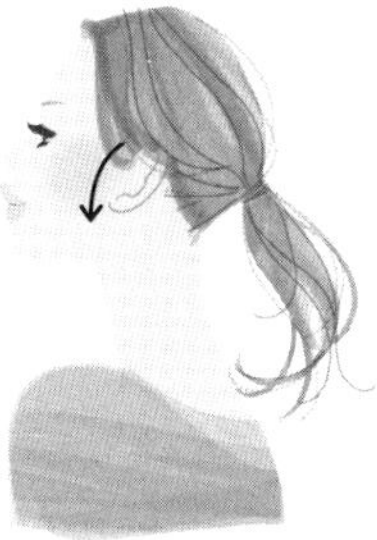

2 耳の前を上から下へ５回マッサージ。

3 耳の後ろを上から下へ５回マッサージ。

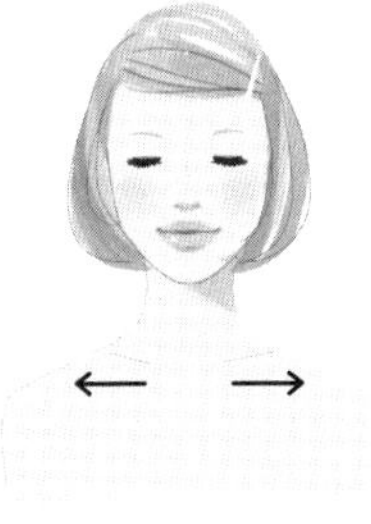

4 鎖骨の内側から外側へ５回マッサージ。

5 胸の上の部分を内側から外側へ５回マッサージ。

頬の筋肉をほぐす

中指と薬指の腹を使って、鼻のキワから耳のキワまでしっかりほぐすようにマッサージ。

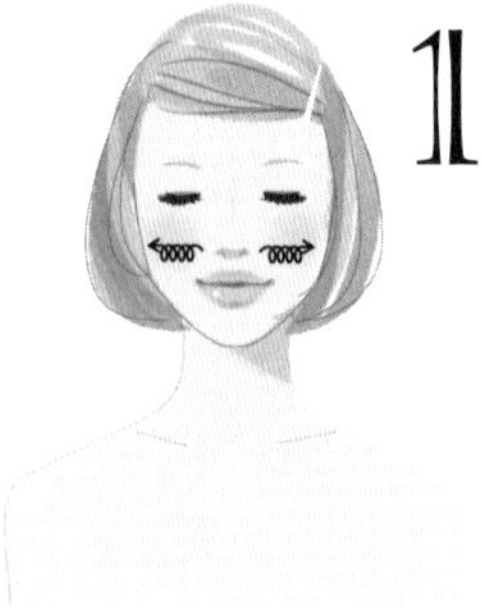

1 頬骨の下を内側から外側へと1、2、3、4、5のカウントでらせんを描きながらマッサージ。

2 鼻と口の間を内側から外側へと1、2、3、4、5のカウントでらせんを描きながらマッサージ。

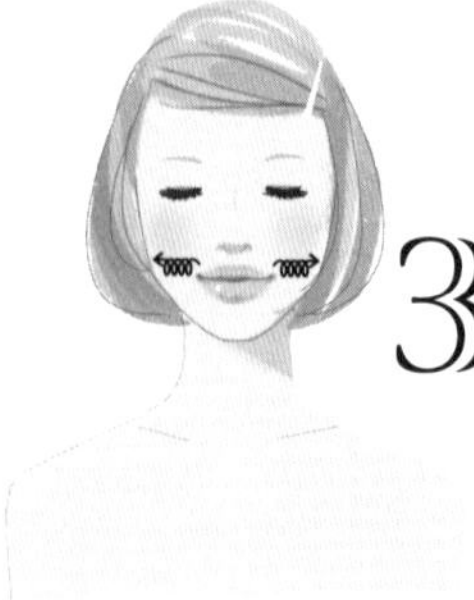

3 口角の横を内側から外側へと1、2、3、4、5のカウントでらせんを描きながらマッサージ。

4 ①〜③を3回繰り返す。

たるみは「頭皮のマッサージ」で上から引き上げる

たるみは顔の筋肉が弱って、下がってしまうことが原因です。朝は元気な顔だったのに、夕方になると疲れて見える場合も、表情筋が疲れてしまうことによります。たるみは、ほうれい線をより深くしてしまい、ますます老けて見える顔になってしまいます。

顔は頭皮とつながっており、頬を引き上げるだけでは、たるみは解消できません。硬くなった頭皮に刺激を与えて、血液循環をよくし、頭皮から引き上げることが大切です。

頭皮への刺激

頭皮が疲労すると顔が下がるので、頭皮をマッサージして引き上げる。親指以外の４本の指を使って行う。

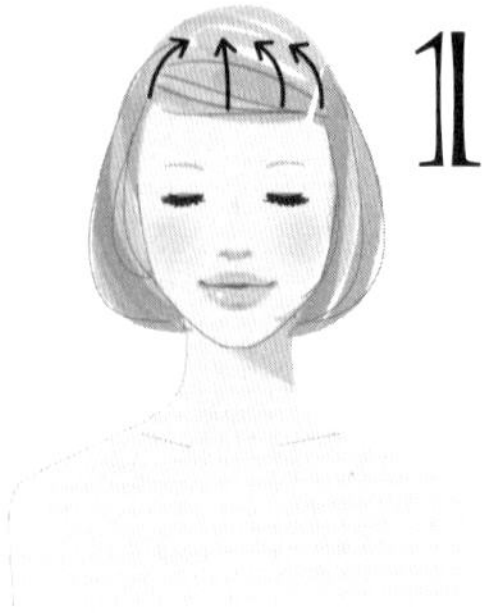

1 額の髪の生え際の中央から頭頂に向かってマッサージ。

2 次に側頭部を髪の生え際から後頭部に向かってマッサージ。

3 耳の上を髪の生え際から後頭部に向かってマッサージ。

4 ①〜③を３回繰り返す。

ほうれい線は「舌で押す」&「温冷ケア」のWパワーで

老け顔の象徴ともいえるほうれい線は、加齢とともに頬骨や上あごが下がり、筋肉が衰えることで刻まれます。骨のゆがみや表情のクセも、ほうれい線の進行に影響してしまいます。

ほうれい線を解消するには、外側からのケアも大切ですが、舌でほうれい線を口の内側から押し上げるのがより効果的です。顔の筋肉は何層にもなっており口腔内、つまり深層から刺激を加えることにより血液循環がよくなり、顔の筋肉がほぐれやすくなります。

また、温冷ケアで血液の循環をよくし、肌を活性化させることも大切です。皮膚を温めると血管が広がり、老廃物を排出しやすくなります。また、冷やすことで、血管が急激に収縮し、その反動でさらに血管が広がり、循環がよくなります。

肌の乾燥もシワの原因となり、ほうれい線を進行させてしまうため、保湿もしっかり行いましょう。

私がつくった「ほうれい線スティック」を使って、ほうれい線を解消するのもおすすめです（P76参照）。

若々しい顔をつくるためには絶対ないほうがいいほうれい線。念入りなケアで目立たないようにしてください。

温冷ケア

洗顔の際に、蒸しタオルを30秒ほど顔にのせ、その後、冷水で顔を洗う。

たっぷり保湿

ほうれい線のあたりは肌の中でも乾燥しやすい部分なので、化粧水や美容液、乳液でたっぷり保湿することを忘れずに。

ほうれい線のこりをほぐす

中指と薬指の腹を使って、らせんを描きながらほぐす。

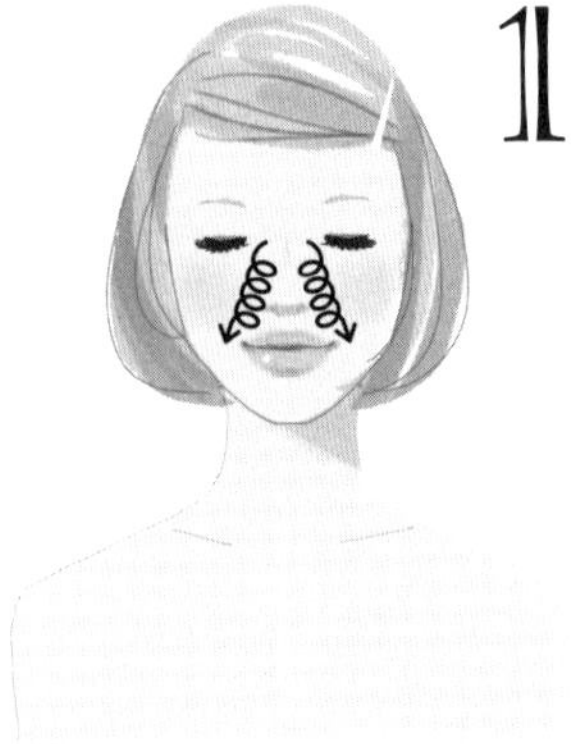

1 鼻のキワを上から下へ、1、2、3、4、5のカウントで、らせんを描いてマッサージする。

2 ほうれい線を1、2、3、4、5のカウントで、らせんを描いてマッサージする。

3 ①②を3回繰り返す。

ほうれい線を内側から刺激

前述の通り、舌や「ほうれい線スティック」を使って、ほうれい線を口腔内から刺激するとより効果的です。

目の周りのシワには「ツボ押し」で循環をよくする

目の周りの皮膚は薄いため、目尻に小ジワなどができやすくなります。シワを薄くするためには、リンパや血液の流れをよくし、目の周りの皮膚を活性化させてあげることが大切です。

当院の施術では、骨の矯正のあと、美容鍼でシワにアプローチしており、眼輪筋《がんりんきん》を鍼でケアします。鍼を打つと、皮膚の細胞が「侵入物がきた」と勘違いし、免疫細胞などが活発になることで、コラーゲンが生成されたり、皮膚の新陳代謝が活性化されます。血液循環もよくなって、シミやくすみも改善するのです。そのため、シワが薄くなったと言ってくださるお客様も多くいらっしゃいます。
自宅で行う場合は、鍼の代わりに顔のツボを押して、新陳代謝を促すとよいでしょう。

ツボへの刺激

ツボを各2秒間押す。指を使って行う。

1 頭のてっぺん

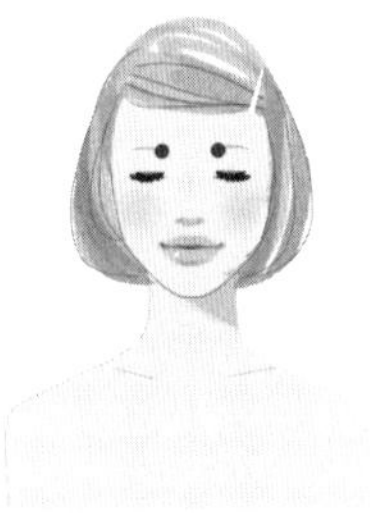

2 眉の内側

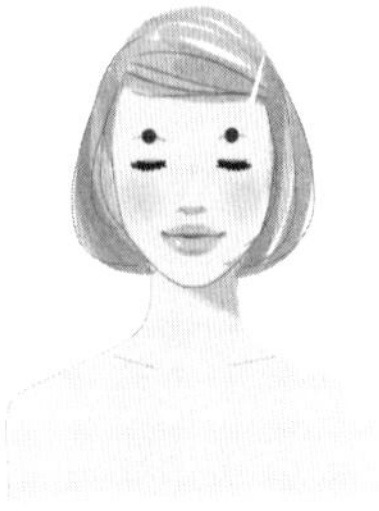

3 眉の真ん中

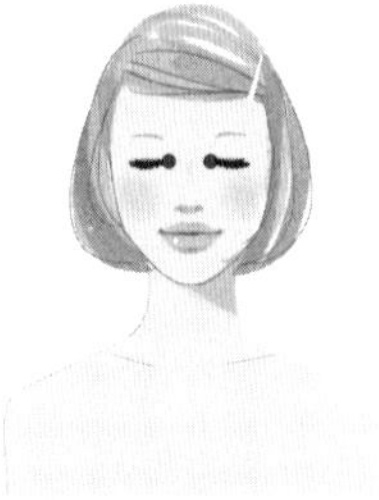

4 目頭

5 目の下

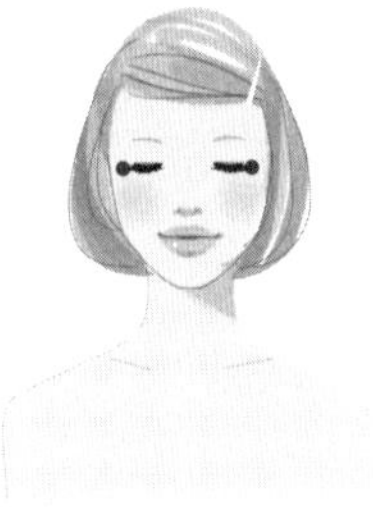

6 目の横

7 ①〜⑥を3回繰り返す。

目の周りをほぐす

目の周りの皮膚は薄いので、中指と薬指を使って、ソフトタッチで行う。

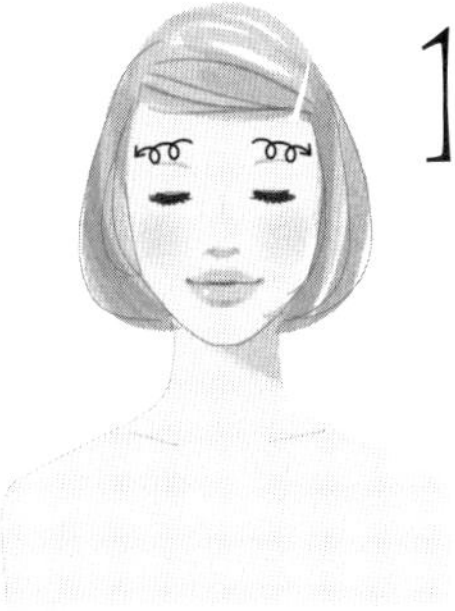

1 眉の上を内側から外側へらせんを描きながら、1、2、3、4、5のカウントで移動。

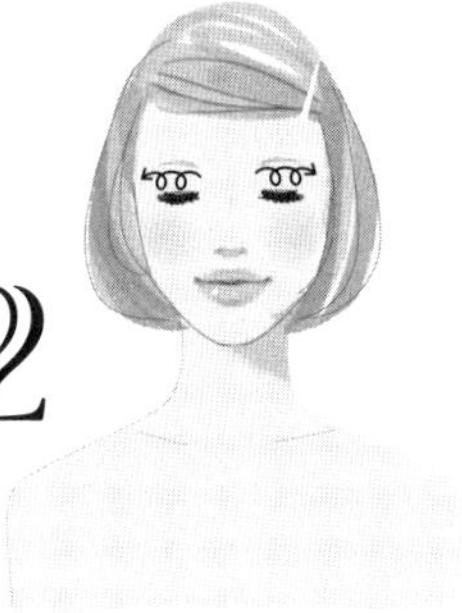

2 眉の下を内側から外側へらせんを描きながら、1、2、3、4、5のカウントで移動。

3 目の下を内側から外側へらせんを描きながら、1、2、3、4、5のカウントで移動。

4 ①〜③を3回繰り返す。

首のシワには「枕」を替えてみる

首にシワがあると、年齢を感じさせてしまうので、顔のケアだけでなく、首のケアも重要となってきます。スキンケアを行う際は、首にも美容液やクリームをたっぷりつけて、乾燥を防ぎ、シワをケアすることが大切です。顔と同様に、リンパを流してマッサージをすることもシワ対策になります。

また、睡眠の際、枕が高いと首にシワができやすくなります。シワ対策には、枕は低めのもののほうが効果的です。首が長い人は短い人よりもシワができやすいので、より念入りなケアが必要となります。

さらに、首の骨や鎖骨がゆがんでいると、首の筋肉に負担がかかって、シワができやすくなります。正しい姿勢をキープして、首や鎖骨がゆがまないよう、毎日の生活で注意しましょう。

COLUMN

「ほうれい線スティック」で10歳若返る！

私が今使っているカルテには女性の絵があります。お客様に「気になる部分に印をつけてください」とお願いすると、30歳以上のほとんどのお客様がほうれい線に印をつけられます。早い方なら20代でもいらっしゃいます。

女性の絵にほうれい線を描くと一気に女性の顔が老け顔になります。ということは、ほうれい線にアプローチをかけると、一気に若さを取り戻せるのではないかと考えたのです。

ほうれい線へのアプローチの方法はさまざまあると思いますが、ある麻酔科の先生の

「目やほうれい線のヒアルロン酸注射は難しいけど、歯グキの裏から入れると効果的なんだよ」

という言葉をヒントに、口腔内からのほうれい線へのアプローチが閃《ひらめ》きました。実際の施術時にも、指で口腔内からアプローチすることにより、ほうれい線を刺激して効果をあげています。

セルフケアを考え、舌を使ってほうれい線を押し出すようにアプローチしてみました。効果的ですが、すぐに舌が疲労してしまい長続きしませんでした。

そこで指や舌の代わりに何か器具を使おうと、歯ブラシの柄の部分でアプローチしてみましたが、硬すぎて痛く、口内炎ができたりするので、とても実用には結びつきませんでした。

その他もいろいろ試してみましたが、市販品での代用は難しいことがわかったため、自分で専門の製品を開発しようと決意したのです。

素材はソフトでなおかつ口腔内でコントロールできる適度な硬さのもの、また口に入れるものなので毎回洗えて清潔に保管できるものと考えた結果、シリコン素材にたどり着きました。

先端部分、カーブは何回も試作を重ねて、口の中でフィットしやすい形状になりました。また、グリップ部は握りやすい太さにこだわり、指で支えるための穴や滑り止めも途中から追加しました。

こうして発案から1年以上を経てやっと完成したのが「ほうれい線スティック」なのです。

25歳を過ぎると、頬骨も筋肉も下がっていくため、ほうれい線ができやすくなります。そして、ほうれい線は一回できてしまうと、より深く進行してしまいます。「まだ、ほうれい線が目立たないから大丈夫」と思っている方も、じつは早期からの予防が必要なのです。

すでにほうれい線が目立ってきた方は、1日も早く、ほうれい線を薄くするマッサージをして、進行を止めなければなりません。

歯磨きのあとに、「ほうれい線スティック」で口の中からほうれい線を伸ばすマッサージを続ければ、必ずほうれい線は薄くなります。

シリコン製で軽く柔軟性があり、口の中に入れても違和感がなく、マッサージしやすいのが特徴です。1週間続けていただくと、効果が実感できるでしょう。

ほうれい線の進行を遅らせることができれば、若々しい顔をキープできます。5年後、10年後も美しくいるために、この「ほうれい線スティック」でほうれい線を撃退しましょう。

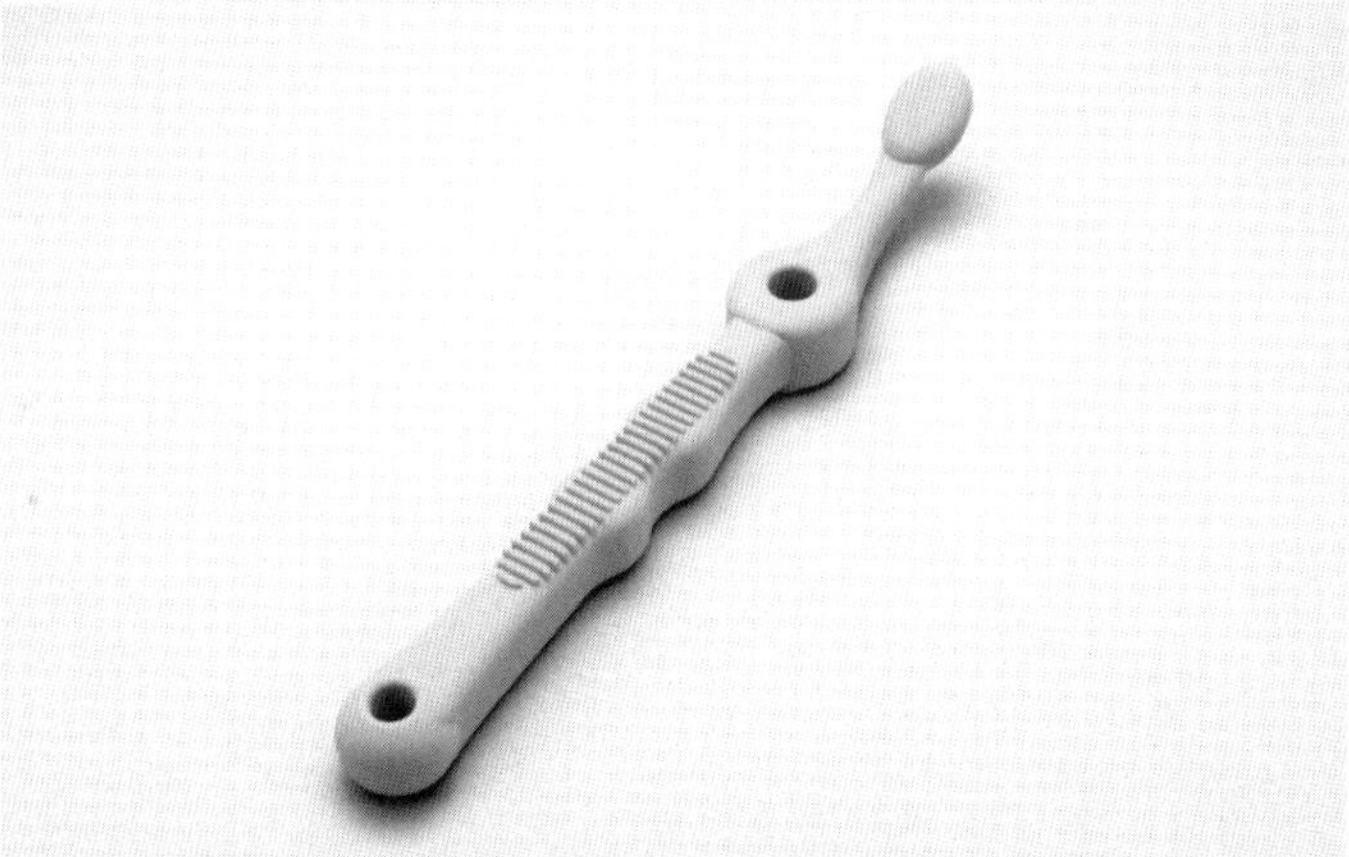

第4章

小顔美人をつくる生活習慣

夜8時以降は炭水化物を控える

骨にアプローチをしてバランスを整えても、生活習慣によってせっかくの効果が薄れてしまう場合もあります。たとえば、食生活の乱れや間食などは、顔のむくみにつながってしまいます。無理なくできる、正しいダイエットで顔と体の贅肉をケアしていただくことが大切です。

私がおすすめする食事法は、①3食きちんと食べる、②甘いものは空腹時に食べない、③夜8時以降は炭水化物を控える、という方法です。

①空腹の時間が多いと、食事をしたときに血糖値が急激に上がり、脂肪の分解が

抑制されてしまいます。その結果、太りやすい体質になってしまうため、3食きちんとバランスよく食べて、血糖値を上げすぎないことが大切です。

②甘いものはとくに血糖値を急激に上げてしまいます。したがって甘いものを食べたいときは、空腹時を避け食後に食べることをおすすめします。

③体は夜間、エネルギー源となる炭水化物（ごはん、パン、パスタなど）をあまり必要としていません。とくに夜8時以降に食べたものは、脂肪として蓄積される可能性が大きくなります。夜8時以降に食事をする場合は、できるだけ炭水化物は控えることをおすすめします。

炭水化物抜きダイエットが流行していましたが、3食まったく炭水化物を摂らない方法は栄養バランスが悪くなり、体に不調が起こりやすくなります。朝、昼、夜とバランスのとれた食事を摂るように心がけてください。

タンパク質を摂って、筋肉をつくる

みなさんは「肉を食べると太る」と思っていませんか？　じつはそれは誤解です。筋肉が少ないと、脂肪が燃えにくくなるため、ダイエットをしてもリバウンドしやすくなります。ダイエットをするときは、脂肪を落として、筋肉は落とさないことがポイントです。

ですから、ダイエットのために、肉を食べず、サラダばかり食べるといったことは行わないようにしてください。そういった食事制限を行うと、体重と同時に筋肉も減るため、やせにくい体になり、苦しい思いをしてダイエットをしても、思うよう

タンパク質を多く含む食品

・肉〜脂肪分の少ない赤身の肉がおすすめ
・魚介類〜まぐろ・かつお・いわし・いか・紅鮭など
・大豆、大豆製品〜豆腐・納豆・豆乳など
・卵

な効果は得られないでしょう。また、タンパク質が不足すると冷え性の原因にもなってしまいます。筋肉をつくって、やせ体質になるために、ダイエット中でも、タンパク質を摂りましょう。

顔のたるみも筋力の低下が関係しています。年齢とともに筋肉量が減ってきますが、スッキリとした小顔をキープするためには、表情筋を鍛えて、たるませないことが大事なのです。

また、コラーゲンを構成しているのもタンパク質なので、タンパク質が不足すると、肌のハリやツヤもなくなってしまいます。

タンパク質で筋肉をつくり、脂肪が燃えやすい体質になれば、小顔もキープでき、お肌もツヤツヤになるでしょう。

左右両方の歯でよく嚙んで食べる

食事をする際、無意識のうちにどちらか一方の歯で嚙んで食べていないでしょうか。

片方の歯ばかりを使っていると、顔の筋肉の発達の仕方が変わり、エラが張るなど、顔のゆがみの原因になります。

たとえば、いつも右側で嚙むクセがある人は、右側の頰の筋肉が左側よりも発達し、年を経るごとに左右差が大きくなってしまいます。顔がゆがんでいる人は、片方の歯だけで嚙むクセがある人がとても多いのです。左右対称の小顔美人になるために、食事の際は、左右両方の歯で噛んで食べるように心がけましょう。ガムをよく噛む人も、片方の歯だけで噛むことが多いので、私はおすすめしていません。

最近はあまり噛まずに食事をする人が多いですが、両方の歯でよく噛んだほうが顔の筋肉を鍛えることができ、顔にお肉がつきにくくなります。よく噛むと、唾液もたくさん出て、消化吸収がよくなり、満腹感も増えるため、小顔だけでなく、ダイエットにもおすすめです。

また、顎関節症《がくかんせつしょう》の人は、口を大きく開けられず、しっかり咀嚼ができないので、顔がゆがみやすくなってしまいます。私の施術で顎関節症がよくなった人もいますが、顎関節症はあごの骨だけの問題ではなく、歯も関係しています。歯を治療して噛み合わせを変えると、あごの負担が減ってラクになることもあります。顎関節症の人は、歯医者さんなどに行って治療してから、マッサージを行うことをおすすめします。

水を1日2リットル以上飲む

「水をたくさん摂るとむくむのでは」と心配する人がいますがそれは誤解です。病気でない限り、むくみは、体の水分が不足して、血液の循環が悪くなることが原因で起こります。水分が不足すると、顔の皮下組織に余分な水分が排出されずに溜《た》まり、顔が膨らんでしまうのです。

血液の流れをよくして、老廃物を排出し、顔をスッキリさせるためにも、水は1日2リットル以上飲むことをおすすめしています。とくに水分が不足しがちな、朝起きたときや入浴前、寝る前はコップ一杯のお水を飲み、日中も常に水をそばに置いて、こまめに水分を摂るようにしましょう。

ただし、冷たい水は体を冷やし、代謝が落ちるので、常温の水を飲むようにしてください。また、一気に水を飲むと、体内に行き渡らずに、尿や汗になってしまうため、少しずつ飲むのがポイントです。

水分であれば何でもいいわけではありません。砂糖が入っている清涼飲料水は、ダイエットの妨げになるので避けましょう。炭酸水は砂糖が入っていないものなら、満腹感が得られて、食べすぎを防ぐことができるのでおすすめです。

また、お酒を飲みすぎると、体がアルコールを分解する際に水分を必要とするため、水分不足になってむくんでしまいます。お酒を飲むときは、同量のお水を一緒に飲むようにすると、むくみを防ぐことができます。

塩分の摂りすぎもむくみを引き起こすので、食事の際は注意しましょう。

運動をして筋肉量を増やす

筋肉を増やして、小顔美人になるには、食事の工夫だけでなく、運動も必要です。運動不足によって、筋力は低下しますし、血液循環も悪くなります。

また、筋トレを行うと、テストステロン（男性ホルモン）が分泌されて、気持ちがポジティブになるといわれています。

ポジティブになるとやる気が出て、顔が変わるのも早いので、運動して筋肉量を増やすことはやはり大事なのです。

とはいえ、筋トレというと「キツイ」「続かない」と思っている人も多いのではないでしょうか。

そこでここでは、簡単で女性にぴったりの筋トレをご紹介します。脚の筋力がアップして、脚のラインがキレイになり、お尻もアップする運動なので、下半身がスッキリします。O脚の改善にもつながります。

また、脚の筋力がつくと、骨盤をしっかり支えることができ、お腹《なか》ポッコリも解消するでしょう。

毎日続けることで筋力をアップさせ、美脚と小顔を手に入れてください。

筋力アップ＆下半身スッキリ

バレエ立ち

1 足を180度に開いて、かかとをつけて立つ。軽くひざを曲げ、お尻に力を入れながら、ひざを伸ばしてまっすぐに。7秒キープ。

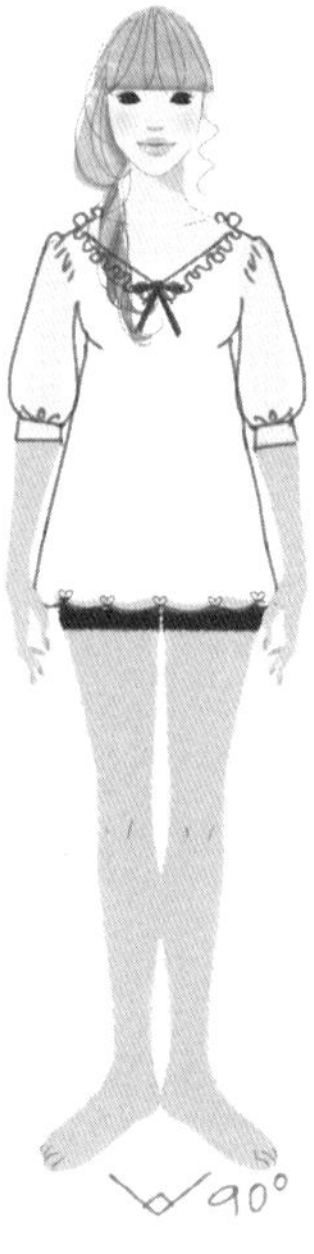

2 そこから90度の位置まで足を閉じて、かかとをつけて立つ。軽くひざを曲げ、お尻に力を入れ、ひざを伸ばしてまっすぐに。7秒キープ。

3 ①②を2〜3セット行う。

※足が開きにくい方は、この運動を続けていただくことで開きやすくなります。

顔周りの循環が悪くなる猫背を正す

姿勢が悪く、猫背の人は顔がゆがんだり、むくんだりしやすくなります。

猫背の原因は、背中の筋肉が衰えて、まっすぐの姿勢を保つことができず、前傾姿勢になってしまうことにあります。前傾姿勢になると、肩が前にきて、背中の筋肉が伸ばされたままで縮まらず、肩の前の筋肉ばかり使うことになります。

その結果、肩の前の筋肉が緊張して、リンパがつまりやすくなり、顔周りの血液循環も悪くなって、むくみやすくなるのです。

猫背は肩こりや首の骨のゆがみにもつながり、顔のゆがみに影響します。猫背を治して、姿勢を正しくすることは、小顔美人になるためには大事なことなのです。

また、猫背になると老けて見えます。背筋が伸びている女性のほうが美しく、若々しく見えるので、やはり姿勢には気をつけましょう。

猫背を治すために、肩の前側を伸ばす、ショルダープレス運動を行うといいでしょう。仕事の合間や、夜寝る前などに行ってみてください。

猫背を治すショルダープレス

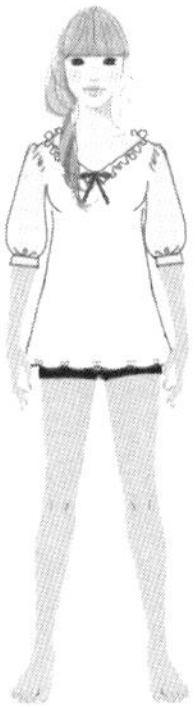

1 足を肩幅に開いて立つ。

2 タオルの両端を手で持ち、頭の上に持ち上げる。

3 息を吸って、吐きながらゆっくりと肘を曲げて、タオルを首の後ろの位置へ。

4 息を吸って、吐きながらゆっくりと肘を伸ばす。

5 ②～④を10回繰り返す。

ゆがみを引き起こすクセを見直す

顔が左右非対称になり、ゆがみが生じるのは、日常の生活習慣が大きく関わっています。左右で眉の高さが違っていたり、目の大きさが違う、口角の高さが違う、といった人は、顔がゆがんでいる可能性が大きいといえます。

次のような習慣がある人は、体はもちろん、顔もゆがみやすくなって、顔が大きくなってしまうので、小顔を目指すなら、日常のクセを治すところから始めましょう。

頬杖をつく

頬杖をつくクセがあると、あごが圧迫されてゆがんでしまいます。継続的に骨に圧が加えられると、強い力でなくても、変形してしまう可能性があるので注意しましょう。

足を組む

足を組むことで骨盤がゆがむと、背骨、首の骨のゆがみにもつながり、その結果、顔のリンパの流れや血流が悪くなって、顔がむくんだり、肉がつきやすくなります。

かばんを片方の肩にかける

片側にだけ重みをかける習慣を続けると、背骨や骨盤のゆがみにつながります。また立っているときに片側だけに体重をかけたり、横座りすることも注意が必要です。

女性は骨盤が開いてゆがみやすいので、私の医院でも骨盤矯正を行っています。骨盤のゆがみは、小顔づくりを妨げるだけでなく、O脚やお腹ポッコリ、下半身太りの原因にもなり、代謝も悪くなって、プロポーションが崩れてしまいます。顔の周りだけでなく、体のゆがみも治して、小顔を目指してください。

ゆがみを治して よい睡眠をとる

眠るときの姿勢も、小顔づくりに影響を与えます。

まず、うつぶせはゆがみにつながりやすくなります。体はうつぶせでも、息をするために顔は左右のどちらかに傾けるため、鼻の骨が圧迫されるのです。

横向きで眠るのも同様で、顔の左右どちらかが圧迫され、ゆがみの原因になってしまいます。

また、うつぶせも横向きも、顔の筋肉が下に向くため、たるみやすくなります。肌が枕に押しつけられるので、朝起きたときに、眠りジワができてしまうこともあるでしょう。

眠るときの姿勢は、仰向《あおむ》けがベストです。顔を上に向けているため、ゆがみに影響することはありません。顔の筋肉が下垂するのも防ぐことができ、たるみ対策にもなります。

「ベッドに入ってもなかなか眠れない」という、寝つきが悪い人も、顔がゆがみやすいため注意が必要です。じつは、寝つきが悪い人は、骨盤や背骨がゆがんでいる人が多いのです。

骨盤のゆがみは脊椎のゆがみにつながり、自律神経の働きが悪くなるといわれています。自律神経の働きが悪くなると、副交感神経と交感神経の切り替えがスムーズにいかなくなり、よく眠れなくなるのです。

一方、私のお客様で、骨盤や背骨のゆがみを治すことで自律神経が整い、うつ病が治った人もいらっしゃいます。

寝つきが悪いという人は、運動したり、整体に行ったりして、骨盤や背骨のゆがみを治すと、よく眠れるようになり、顔のゆがみも改善する可能性があります。

お風呂上がりにひざから下に冷水をかける

毎日の入浴は、湯船につからず、シャワーだけで済ませる人も多いと思いますが、体を芯から温めて、血流をよくするために、夏でも湯船につかることをおすすめします。リラックスできるので、ストレス解消にもなるでしょう。じんわりと汗をかいて老廃物を排出できますし、体温を上げることにより免疫力も上がり、病気になりにくい体づくりにも役立ちます。

第2章でもお伝えしましたが、「カドモリ式小顔マッサージ」も、湯船の中で行っていただくと、筋肉がゆるんで、骨を矯正しやすくなります。

入浴する際は、熱すぎない40度くらいのお湯で、15分ほどつかると、体が芯から温まって、湯冷めしにくく、安眠にもつながります。

一方、熱すぎるお湯につかるのは逆効果です。体の表面だけが温まって、冷めやすい状態になりますし、血管が収縮しやすくなります。さらに、交感神経が活発化して、寝つきが悪くなるので注意しましょう。

また、お風呂上がりにひざから下に冷水をかけるのもおすすめです。ひざ裏や足裏を冷やすと、「もっと温めよう」という働きをし、体温を上げて、脂肪を燃焼してくれます。ダイエットにおすすめなので、入浴でしっかり温まったあとは、ひざから下に冷水をかけることを習慣化するとよいでしょう。

一方、入浴で水分が失われるので、入浴前と入浴後はコップ一杯のお水を飲んで、水分を補給するようにしてください。

終　章

カドモリ式ができるまで

原点は空手の大会ドクター

意外に思われるかもしれませんが、私が美容整体の仕事を始めたきっかけは、空手の大会ドクターを行っていたことにあります。

空手などの格闘技の試合のあと、選手の顔はボコボコになります。顔がへこんだり、鼻筋が曲がったり、骨がずれたりするので、手術をする前に、現場で私が応急処置をさせていただいていました。学校で学んだ技術を活かしたというよりも、実践していくうちに、どうすればスムーズに骨が元通りになるのかがわかってきました。そして、独自の手技を身につけていったのです。

さらに、その顔の矯正の施術が、今行っている、「カドモリ式小顔マッサージ」につながり、多くの方に自宅でも行っていただける方法を開発するまでに至りました。

私が美容に力を入れることにしたのは、自分の得意分野を活かそうと思ったからです。

私の強みである、骨を整える独自の施術を活かすために、小顔や美脚づくりをサポートする医院を始めたのです。

関西のモデルさんから東京の芸能人へ

私が東京にサロンを持ち、芸能人の方の施術をするようになったのは、関西のモデルさんの治療がきっかけでした。鼻が曲がってしまったのを手技だけで治したら、すごく喜んでくださり、その様子をブログに書いてくださったのです。それがきっかけで関西のモデルさんたちの間で私の施術が話題になり、東京にも広がっていきました。

モデルさんは美のプロですから、顔がより美しく変わっていくことには敏感です。さらに私の施術は痛くないので、「痛くないのに、こんなに変わった！」と感動していただけたようです。

モデルさんは顔が小さくて、お肉が少ないため骨の変化がよく表れます。少し骨を整えただけでも、顔がスパッと変わって、写真の写りに変化が出るのです。カメラマンさんに「何かした？」と気づかれることも多いらしく、ＣＭの撮影の前に来られる方も少なくありません。ご本人もご自身の整った顔に満足されると自信が出て、いい写真が撮れるようです。

そんな効果を実感していただいた方が、モデル仲間や芸能人仲間をどんどん連れてきてくださるようになりました。モデルさんや女優さんは、ご自身の顔のちょっとした変化、ゆがみに気づくので、毎月のように連絡をくださいます。

人に会うのがエネルギーの源

おかげさまで医院は予約でいっぱいになるほど忙しくさせていただいています。睡眠時間もあまりとれないこともあるのですが、周りからはよく「元気ですね」と言われます。

私は栄養バランスを考えた食事を摂っており、すぐに眠れて熟睡できるので、睡眠時間が短くても、疲れを感じることはないのです。

そして、私にとって人に会うことは何よりもエネルギーの源。ですから、新しい出会いが楽しくて仕方ありません。

人に会うのが好きですし、コミュニケーションを取ることが好きなので、どんどん知り合いが増えて、またその方たちが宣伝してくださることに感謝しています。

私の施術で顔が変わったお客様を見て、そのお友達が「自分も変わりたい」と来てくださる。「すごく効果があるから」とお客様が友達を紹介してくださる。その連続でお客様が増えていることは、本当に恵まれていると思っています。

これからもたくさんのお客様に満足していただけるよう施術を続け、小顔美人を増やしていきたいと考えています。小顔になるだけではなく、女性は美しくなることで、気持ちの面からも明るく前向きになり、仕事や恋愛においてもプラスの変化が訪れます。そんなお手伝いをこれからも続けていきたいと思っています。

ブックデザイン　渡邊民人（TYPE FACE）
写真（菜々緒）　曽根将樹（PEACE MONKEY）
本文イラスト　もと潤子
協力　垣内　栄

〈著者紹介〉
角森脩平　美容整体院「かどもり総合医学センター」院長。カイロプラクター、柔道整復師、鍼灸師、メディカルトレーナーなどの資格を持つ。整体の知識を生かし、空手の世界大会で全日本代表のメディカルトレーナーとしても活躍。
http://kadomori-kogao.com/

小顔美人になれる30の習慣
2014年9月20日　第1刷発行

著　者　角森脩平
発行者　見城 徹

発行所　株式会社 幻冬舎
〒151-0051　東京都渋谷区千駄ヶ谷4-9-7

電話　03(5411)6211(編集)
03(5411)6222(営業)
振替00120-8-767643
印刷・製本所：図書印刷株式会社

検印廃止

ISBN978-4-344-02643-8　C0095
幻冬舎ホームページアドレス　http://www.gentosha.co.jp/

この本に関するご意見・ご感想をメールでお寄せいただく場合は、
comment@gentosha.co.jpまで。